STÄRKE TÄGLICH DEINEN GEIST

AUF DER GRUNDLAGE DER SEGNUNGEN DES VATERS UND DER NAMEN GOTTES

W0249845

Arthur Burk und Sylvia Gunter

Titel der Originalausgabe
„Daily Spirit Blessings“
© 2005 Sylvia Gunter

Published by The Father's Business
PO Box 380333, Birmingham, AL 35238-033

11. Auflage Januar 2018
© Schleife Verlag, Pflanzschulstrasse 17,
Postfach 85, CH-8411 Winterthur, Schweiz
Tel +41 (0)52 2322424 Fax +41 (0)52 2336082
Email: verlag@schleife.ch
www.schleife.ch
ISBN 978-3-907827-73-4

Die Bibelzitate sind in der Regel der Lutherübersetzung,
Revidierte Fassung von 1984, entnommen.

Übersetzung: Diana Rahn
Lektorat: Michael Herwig
Umschlaggestaltung: Rachel Hendrix

Satz und Druck: optimal media GmbH, Röbel/Müritz

Alle Rechte vorbehalten,
auch für auszugsweise Wiedergabe und Fotokopie

Vorwort zur Deutschen Übersetzung

Dieses Büchlein hat eine grosse Resonanz gefunden und erscheint bereits in fünfter, leicht überarbeiteter Auflage. So wurden etwa die hebräischen Gottesnamen der heutigen Schreibweise angepasst. Vor allem aber möchten wir diesen Segnungen einige Gedanken mit auf den Weg geben, um allfälligen Missverständnissen vorzubeugen.

Der Apostel Paulus unterscheidet zwischen fleischlich-unmündigen und zwischen geistbegabten oder geisterfüllten Christen (1. Kor 3,1ff). Erstere sind noch stark von der Seele, von ihren Gefühlen her gesteuert, die Geistbegabten dagegen vom Geist Gottes. Das Bild vom Rechts- oder Linksverkehr mag dies veranschaulichen. Für den natürlichen Menschen ist der Rechtsverkehr das Normale. Wenn wir uns aber Gott und damit dem Geist öffnen, müssen wir auf Linksverkehr umschalten. Das Reich Gottes ist nicht von dieser Welt, wie Jesus sagte. Seine Ordnungen und Prinzipien durchkreuzen oftmals unsere vertrauten Vorstellungen und Gedanken. Deshalb ist es absolut notwendig, dass unser Geist aufgebaut und gestärkt wird, damit unser Denken und Fühlen unter seine Leitung kommen kann. Dazu wollen uns die hier gesammelten, täglichen Segnungsgebete anleiten und helfen.

Die von den beiden Autoren formulierten Segnungen sind Früchte vom Baum des Evangeliums; sie sind aber keine direkte Rede unseres Vaters im Himmel! Sie sind nichts Magisches und ersetzen auch nicht das Wort Gottes. Aber sie sind ein aus Gebet und tiefer Weisheit gewachsenes Trainingsprogramm, eine Einübung in die Gedanken und in das Vaterherz Gottes, sodass wir in diesem

Spiegel mehr und mehr entdecken, wer wir selber sind. Den eigenen Geist anzusprechen, mag zuerst etwas gewöhnungsbedürftig sein. Aber so wie es in den Psalmen völlig normal ist, zur Seele zu sprechen, so ist es für uns ebenso natürlich, unserem Geist zu rufen und zu ihm zu sprechen. Wir reden ja auch mit Gott, der Geist **ist**. Und da wir als Christen zum Segnen berufen sind, versteht es sich von selbst, dass wir auch unsere Nächsten segnen sollen.

In grosser Dankbarkeit gegenüber Gott und dem Autorenteam schicken wir dieses Gebetsbüchlein ein weiteres Mal auf die Reise, damit es noch vielen zum Segen werden darf.

Geri und Lilo Keller

Stärke täglich deinen Geist

Teil I

40 tägliche Segnungen auf der Grundlage von Gottes Vaterherz

Teil II

21 tägliche Segnungen auf der Grundlage der Namen Gottes

Gott ist die Quelle jedes Segens und eines Lebens, welches von einem überfliessenden Segen bestimmt wird. Die Bibel wurde in einer und für eine Kultur geschrieben, in der Segen eine grosse Rolle spielte. Denken wir nur an den Aaronitischen Segen, das Segnen der Kinder mit Seinem Namen, das Weitergeben des Segens der Väter an die Söhne, den Segen Gottes für sein Volk, den Segen Jesu, den Segen der Jünger, den Segen der Urgemeinde und den Segen von Petrus, Paulus und Jakobus im Neuen Testament wie auch den Segen der neuen königlichen Priesterschaft, der jeder Gläubige seit dem Kreuz angehört. Die Gesellschaft, in der wir heute leben, versteht unter Segen jedoch etwas anderes, als das, was die Bibel offenbart.

Die grösste Segnung, die wir empfangen können, ist die Offenbarung des Vaterherzens Gottes, nämlich dass Er uns einzigartig geschaffen hat, dass Er gute Pläne für uns hat, dass er uns beispiellos liebt und seine Herrlichkeit in uns offenbaren möchte. Eine der grossartigsten Heilungen, die Gott, der Vater, heute vollbringt, ist die Wiederherstellung unserer wahren Identität in Ihm. Er zeigt uns, wer wir wirklich sind, Er nimmt uns an und stellt uns wieder her, indem Christus, die Hoffnung der Herrlichkeit, in uns Gestalt annimmt. Die kurzen täglichen Segnungen unseres Vaters in diesem Büchlein offenbaren das uns aufgrund der neuen Geburt verliehene Recht, all das zu sein, was Er beabsichtigt hat, so dass wir als heile Persönlichkeiten all das tun können, wozu Er uns geschaffen hat.

Durch die Segnungen des Vaters soll unser Geist über einen Zeitraum von 40 Tagen auf das Herz unseres Vaters ausgerichtet werden. Sie helfen uns, unsere Identität und unsere rechtmässige Stellung vor Gott zu entdecken, wodurch wir zuversichtlich und zielgerichtet leben können. Wenn wir die Segnungen aus dem Vaterherzen Gottes kennen, fühlen wir uns angenommen und wertvoll. Weil Gott der perfekte Vater für uns ist, können wir diese Segnungen als Kinder empfangen. Die Identität, die rechtmässige Stellung vor Gott und das Geburtsrecht, das uns dadurch verliehen wird, finden ihren Ausdruck in Liebe, Freude, Frieden, Geduld, Freundlichkeit, Treue, Sanftmut und Disziplin – Belege dafür, dass wir aus dem Geist leben und in Glaube, Hoffnung und Liebe Leben weitergeben.

Die Segnungen, die sich mit den Namen Gottes beschäftigen, machen unseren Geist vertraut mit den ewig gültigen Realitäten der Grösse, Autorität und Herrschaft Gottes, in dem wir leben, weben und sind. Unser Geist ist ein Abbild der Schönheit von Gottes Geist. Unser Geist findet in Gottes Geist sein wahres Zuhause.

Warum wir unseren Geist segnen

Gott ist Geist und wir wurden nach Seinem Bild geschaffen. Er schuf unsere geistliche DNA. Gott hatte unser geistliches Erbe schon geplant, bevor Er sprach: *«Es werde Licht!»* Unser menschlicher Geist wurde aus dem tiefsten Inneren des lebendigen Gottes heraus erschaffen. Er blies dem Menschen Seinen Geist ein, und der Mensch wurde ein lebendiges Wesen. *«Aber der Geist ist es in den Menschen und der Odem des Allmächtigen, der sie verständig macht.»* (Hiob 32,8) Wir begegnen Gott in unserem Geist. Wir wurden erschaffen, um mit unserem Vater von Geist zu Geist zu kommunizieren. In der Bibel gibt es 130 Verse, in denen ausdrücklich vom menschlichen Geist die Rede ist.

Zwei Namen Gottes in der Schrift beziehen sich auf den menschlichen Geist – *Gott der Geister aller Menschen* (4. Mose 16,22) und *der Vater der Geister* (Hebräer 12,9). Unser Geist braucht Beziehung und Ermutigung, um zum Leben zu erwachen und wirklich auf Ihn zu reagieren.

Paulus schluss vier seiner Briefe mit einem Segenswunsch für den Geist seiner Leser ab (Galater 6,18; Philipper 4,23; Philemon 25; 2. Timotheus 4,22). Wenn wir unseren Geist segnen, wird er mit lebensverändernder Wahrheit und Offenbarung direkt aus der Schrift gefüllt. Dabei finden wir Freude, Frieden, Hoffnung, Kraft und Erfüllung und entdecken das Wunder dessen, wer wir sind – ein einzigartiger Geist.

Paulus ermutigte die Heiligen, den Geist der anderen zu erquicken. Warum haben wir uns das entgehen lassen? Paulus sagte, solche Leute verdienten Anerkennung. *«Ich freue mich über die Ankunft des Stephanus und Fortunatus und Achaikus … Sie haben meinen und euren Geist erquickt. Erkennt solche Leute an!»* (1. Korinther 16,17-18) *«Ausser diesem unserm Trost aber haben wir uns noch überschwänglicher gefreut über die Freude des Titus; denn sein Geist ist erquickt worden von euch allen.»* (2. Korinther 7,13)

Gott schuf uns als Geist, Seele und Leib. In 1. Thessalonicher 5,23-24 heisst es: *«Er aber, der Gott des Friedens, heilige euch durch und durch und bewahre euren Geist samt Seele und Leib unversehrt, untadelig für die Ankunft unseres Herrn Jesus Christus. Treu ist er, der euch ruft; er wird's auch tun.»* Unser Schöpfer hat unseren Geist wunderbar, auf komplexe Weise geschaffen und fähig gemacht, das für uns zu tun, was unsere Seele und unser Körper nicht können. Er möchte in die Auferbauung unseres Geistes investieren, wie wir es nie zuvor erlebt haben.

Wir wurden so geschaffen, dass wir Geist und Seele unterscheiden können. In Hebräer 4,12 heisst es: *«Denn das Wort Gottes ist lebendig und kräftig und schärfer als jedes zweischneidige Schwert und dringt durch, bis es scheidet Seele und Geist …»* Unser Vater schätzt die einzigartige Weise, in der unser Geist und unsere Seele gemacht sind, und kennt ihre Stärken und ihr Potenzial.

In der Bibel wird der Geist dem Leib und der sündhaften Natur gegenübergestellt. (Matthäus 26,41; Galater 5,16-17). Empfange diese Segnungen in deinem Geist, nicht in deinem Verstand. Lebe aus ihnen und sieh selbst die Resultate in deinem Leben. Über anderen diese Segensworte auszusprechen, ist ein sehr effektiver Weg, das negative Erbe vergangener Generationen hinter sich zu lassen, es ist eine «sichere Segens-Anlage» für die nächsten Generationen.

Jesus war von Gott vorbereitet, ermächtigt, gesalbt und berufen, unserem Geist eine gute Nachricht zu bringen, Gebundenheiten von Geist und Seele zu lösen, diejenigen zu ermutigen, die unterdrückt, verletzt, niedergeschlagen und zerbrochen im Geist sind, und uns alle herauszurufen, die wahren Söhne und Töchter zu werden, als die wir geschaffen wurden. Einige der Segnungen werden einen enormen Zuwachs an Selbstannahme bewirken. Einige werden einen Funken entzünden, den du vorher nie bemerkt hast, zu dem du aber sofort «Amen» sagen wirst, da sich dein Geist zu neuen Ebenen von Leben, Autorität und Freude in Christus aufschwingt. Viele Menschenleben wurden mithilfe dieser Segensworte durch den Geist Gottes geheilt, verändert und bereichert, und sie werden eine tiefe Wirkung haben auf dich und diejenigen, die du liebst.

Wie wir uns und andere segnen können

Sei zielgerichtet. Beginne mit dir selbst, damit du andere aus der Fülle heraus segnen kannst. Nimm jeweils eine Segnung pro Tag und bete diese mehrmals am Tag durch. Beginne jede Gebetszeit in etwa so: «Geist, komm hervor und empfange das Beste von Gott.» Die Seele wird zuhören, doch diese Segnungen sollen deinen Geist auferbauen, damit er leichter mit Gottes Geist in Verbindung kommt und von ihm ein Bewusstsein für seine Identität und rechtmässige Stellung vor Gott sowie Führung empfängt. Wenn du auf diese Weise täglich für andere betest, kannst du z. B. folgendermassen beginnen: «Liebe(r) ... *(Setze den Namen der Person ein)*, ich rufe deinen Geist hervor, um Gottes Segensworte für heute zu hören.»

Dieses kleine Büchlein ist ein kurzer Auszug aus dem 180 Seiten umfassenden Buch ***Blessing Your Spirit***. Wenn du diese täglichen Segensworte für deinen Geist durchgebetet hast, möchtest du vielleicht auch die umfassenderen Segnungen in ***Blessing Your Spirit*** kennenlernen. Es gibt mehr!

Du wurdest gesegnet, um ein Segen zu sein. Erquicke andere und stärke deren Geist.

Teil I

Stärke deinen Geist mit Segensworten auf der Grundlage von Gottes Vaterherz

1. TAG

Ich segne dich mit einem Bewusstsein für deine Identität und deine rechtmässige Stellung vor Gott.

MEIN GEIST (ODER BEI EINER ANDEREN PERSON: DU GEIST VON ...), DEIN VATER HAT DICH BESONDERS GEMACHT. Du bist eine ganz besondere Person, geschaffen, kunstvoll gemacht und erdacht von Gott, deinem Vater. Er hat dich geplant. Du bist kein Zufall. Dein Vater hat dich wunderschön gemacht. Du bist geliebt. Gott hat unglaubliche Mühe und Konzentration darauf verwendet, dich zu entwerfen. Du bist einzigartig, einmalig. Gott hat sich sehr viele Gedanken über dich gemacht. Er lächelte an dem Tag, an dem Er dich schuf. Er plante dein geistliches Erbe. Es existiert eine geistliche Schatztruhe mit Segnungen für Generationen darin, auf der dein Name steht. Ich segne dich im Namen des Gottes Abrahams, Isaaks und Jakobs.

2. TAG

Ich segne dich mit Erkenntnis über deine Bestimmung.

MEIN GEIST, DEIN VATER HAT EINE BESTIMMUNG FÜR DICH. Ich segne dich, dass du all das bist, zu dem Gott dich geschaffen hat. Wenn du deine Bestimmung erfüllst, wirst du davon profitieren, andere werden davon profitieren, und die Welt wird gesegnet sein. Ich segne dich, dass du die Dinge erkennst, von denen dein Vater will, dass du sie erkennst, und dass du die Dinge tust, zu denen Er dich berufen hat, sie zu tun. Ich segne dich mit der Fähigkeit, Gottes Werke ehrenhaft, in Frieden und in Freude auszuführen. Ich segne dich, dass du nicht Zeit oder Mühe verschwendest, Dinge zu tun, zu denen Gott dich nicht berufen hat. Ich preise die Schönheit, die Gott in dir hervorgebracht hat. Ich segne dich im Namen Gottes, deines Schöpfers.

3. TAG

Ich segne dich mit lebensspendenden Beziehungen.

MEIN GEIST, DEIN VATER HAT DICH GESCHAFFEN, LEBEN ZU EMPFANGEN UND GEISTLICHES LEBEN WEITERZUGEBEN. Er wird dir Menschen schicken, die dich vor Freude hüpfen lassen. Ich segne dich mit Menschen, die dir dienen, Geist. Ich segne dich mit göttlichen Verabredungen, bei denen Gott dich für einen Moment oder eine Stunde mit starken Männern oder Frauen Gottes zusammenbringt. Ich segne dich, dass du lebensspendende Stärke aus ihrem Geist empfangen kannst. Ich segne dich, dass Gott dir freudige Menschen über den Weg sendet, dass du mit denen Gemeinschaft hast, die die Freude im Herrn kennen. Ich segne dich mit der Fähigkeit, Leben zu empfangen und Leben zu spenden. Ich segne dich im Namen des höchsten Lebensspenders.

4. TAG

Ich segne dich mit dem Wissen, dass Gott für dich kämpft.

MEIN GEIST, DEIN VATER WILL, DASS DU VOLL FRIEDEN IN IHM RUHST, WÄHREND ER SICH UM DEINE FEINDE KÜMMERT. Du wirst fest stehen oder vorwärtsgehen, um die Dinge zu tun, zu denen Gott dich berufen hat, und Er wird die Schlachten für dich schlagen. Ich segne dich, dass du jeden Tag Schritte des Gehorsams gehst, in kleinen Dingen wie auch in radikalen und unvorstellbaren Dingen, und dich richtig positionierst, damit Gott deine Schlachten schlagen kann. Ich segne dich mit Umständen, die so von Ihm organisiert sind, dass deine Feinde ausgelöscht werden. Und ich segne dich, dass deine Wege Gott so sehr gefallen, dass deine Feinde in Frieden mit dir leben und deinen Gott suchen werden. Ich segne dich im Namen des mächtigen Kriegshelden.

5. TAG

Ich segne dich, dass du dich selbst als Kind Gottes siehst.

MEIN GEIST, ICH SEGNE DICH, DASS DU TIEF IM HERZEN DEINE IDENTITÄT ALS GOTTES KIND KENNST, DAS IN SEINER FAMILIE BEDINGUNGSLOS GELIEBT IST, UND DASS DU IHN «ABBA, LIEBER VATER» NENNST. Ich segne dich mit der festen Zuversicht, dass Er Zukunft und Hoffnung für dich hat, zu deinem Besten und Seiner Ehre. Ich segne dich mit dem tiefen Wissen, dass dein lieber Vater weiss, was du brauchst und über alle Reichtümer des Universums verfügt, um deinen Nöten zu begegnen. Ich segne dich mit der Zuversicht, dass es dir in keiner Weise an irgendetwas mangeln wird. Ich segne dich mit der Gewissheit, dass du zusammen mit deinem Bruder Jesus Erbe aller Schätze deines Vaters bist. Ich segne dich im Namen des Geistes der Sohnschaft.

6. TAG

Ich segne dich mit der Fähigkeit, Gottes Gegenwart wahrzunehmen.

MEIN GEIST, ICH SEGNE DICH MIT DER GROSSEN FREUDE, DIE KOMMT, WENN DU GOTTES GEGENWART ERLEBST UND SPÜRST, DASS ER ÜBER DEINEM LEBEN WACHT. Ich segne dich, dass du die Freude Seiner Gegenwart erlebst, wenn du Ihn allein oder zusammen mit anderen anbetest. Ich segne dich mit dem Wissen, dass Er in der Nacht gegenwärtig ist, während dein Unterbewusstsein und dein Geist offen sind für den Geist Gottes, so dass Er dir dienen kann, solange dein Verstand nicht voller Gedanken ist. Ich segne dich, dass du die Gegenwart Gottes in den Dingen wahrnimmst, die die Welt als Probleme und Schmerzen bezeichnet. Ich segne dich im Namen von Jahwe Schammah, dem Gott, der immer für dich da ist.

7. TAG

Ich segne dich mit der Fähigkeit, Gott zu vertrauen.

MEIN GEIST, ICH SEGNE DICH, DASS DU DIE TREUE DES VATERS ERLEBST, SEINE TREUE LIEBE ZU DIR, DASS DU IN DEINEN GEFÜHLEN DIE LIEBE, DIE DEIN VATER DIR GEGENÜBER ZUM AUSDRUCK BRINGT, WAHRNEHMEN, KENNEN, GENIESSEN, SPÜREN UND DICH DARAN ERFREUEN KANNST. Ich segne dich, dass du die Liebe deines Vaters niemals anzweifelst. Ich segne dich, dass du im Jetzt keine Angst hast, weil Gott in der Vergangenheit auf so vielfältige Weise gesprochen hat. Ich segne dich mit der Gewissheit, dass Er zur rechten Zeit und am richtigen Ort wieder sprechen wird. Ich segne dich, dass du Seine Bewahrung in einem Mass erfährst, dass du Ihm blind vertraust. Ich segne dich im Namen dessen, der dein ewiges Zuhause ist.

8. TAG

Ich segne dich mit der Freude am Herrn.

MEIN GEIST, ICH SEGNE DICH, DASS DU DIE FREUDE SPÜREN KANNST, DIE DEIN VATER HAT, WENN ER AN DIE SEGNUNGEN DENKT, DIE ER FÜR DICH VORBEREITET HAT – DIE ÜBERRASCHUNGEN, GÖTTLICHEN BEGEGNUNGEN, UNERWARTETEN SCHÄTZE. Ich segne dich mit Erkenntnis über die Freude deines Vaters, wenn Er sieht, dass du heute anders bist, als du gestern warst. Ich segne dich, dass du Seine Freude darüber erlebst, dass die einzigartige Person, die Er erschaffen hat, mit Ihm in den Dingen, die Er für Dich geplant hat, zusammenarbeitet. Ich segne dich mit so tiefer Erkenntnis über Sein Gefallen an dir, dass der Widerstand anderer Leute keine Rolle spielt. Ich segne dich im Namen des lachenden Gottes von Zefanja 3,17.

9. TAG

Ich segne dich als Bürger des Königreichs des Friedens.

GOTT SAGTE IN JESAJA 45: «ICH GEBE FRIEDEN.» Mein Geist, ich segne dich mit der Erkenntnis, dass Gott Frieden schafft, der unabhängig ist von deinen Umständen. Ich segne dich mit Erkenntnis über die Königsherrschaft des Friedefürsten, dass du deine Knie beugst und dich Ihm unterstellst. Ich segne dich, dass du erlebst, wie das Königreich des Friedens in deinem Leben aufgerichtet wird, weil der Friedefürst dein Herr ist. Ich segne dich mit Frieden, den Er in deinem Leben und in deiner Umgebung verfügt. Ich segne dich, dass man dich als jemanden kennt, der den Frieden Gottes mitbringt, wo auch immer er hingeht. Ich segne dich im Namen des Friedefürsten.

10. TAG

Ich segne deinen Geist, dass er sich nicht länger versteckt.

MEIN GEIST, DEIN VATER HAT DICH ALS GEIST, SEELE UND LEIB GESCHAFFEN. Diese Aufteilung ist von Ihm und Er wacht darüber. Ich spreche zu deinem schlummernden Geist und sage: «Wache auf!». Es ist an der Zeit und es ist richtig, hervorzukommen und nach oben zu schauen in das Angesicht deines Vaters. Höre, wie Er sagt, dass du angenommen, bejaht, fähig und geliebt bist in Ihm. Ihm gefällt, wie Er dich gemacht hat. Ihm ist nicht bange wegen der Dinge, die dir noch fehlen. Er ist sich vollkommen sicher, dass Er diese Bereiche heilen kann, Zerbrochenes wiederherstellen kann, Seine Erziehung zu Ende bringen kann. Ich segne dich in dem Namen dessen, der dir grosse und wertvolle Verheissungen gegeben hat.

11. TAG

Ich segne dich mit Siegesrufen über deine Errettung.

MEIN GEIST, ICH SEGNE DICH MIT FREUDENRUFEN ÜBER DIE EINGREIFENDE HAND GOTTES, DIE DICH VON DEN WERKEN DEINER FEINDE UND DEINER SELBST RETTET. Ich segne dich mit Freude darüber, in welch kreativer Weise Er dich aus kleinen und grossen Dingen, aus gewaltigen Krisen und kleinen Verwirrungen rettet. Ich segne dich, dass du erlebst, wie Gott dich aus deinen Problemen rettet, und du diese Probleme nicht länger fürchtest, denn sie sind eine Gelegenheit für Gott, sich als stark zu erweisen. Ich segne dich, dass der Vater so oft und so tief eingreift, dass du gefühlsmässig sicher bist. Ich segne dich im Namen des Allerhöchsten, der deine Zuflucht und die starke Festung ist, zu der du rennen kannst und sicher bist.

12. TAG

Ich segne dich als gehorsames Kind.

MEIN GEIST, ICH SEGNE DICH MIT DER FREUDE DES GEHORSAMS, UND DASS GEHORSAM FÜR DICH FREUDE UND NICHT ZWANG BEDEUTET. Ich segne dich mit der einzigartigen Freude, deinem Vater in allen Dingen zu gehorchen, weil du durch Liebe angetrieben wirst. Ich segne dich, dass du die tiefe Liebe deines Vaters erlebst, wenn du Ihm gehorchst. Ich segne dich, dass du im Natürlichen den Lohn deines Gehorsams siehst. Ich segne dich, dass du deine Stellung in der neuen Generation einnimmst, welche die alte Knechtschaft der Gesetzlichkeit beenden wird. Die Welt wird in dir die perfekte Vereinigung von Gehorsam und Liebe sehen. Ich segne dich im Namen dessen, der für dich gehorsam war bis zum Tod.

13. TAG

Ich segne dich mit Mentoren.

MEIN GEIST, ICH SEGNE DICH, DASS DU VOM ALLERHÖCHSTEN GESCHULT UND GEFÖRDERT WIRST WIE EIN LEHRLING, DER EINE FERTIGKEIT ERLERNT. Der Herr möchte dein Mentor sein, dich trainieren, damit du Christus ähnlicher wirst. Ich segne dich mit dem Wissen, dass die Hand des Herrn auf all deinen Umständen ist, so dass jede Situation eine Gelegenheit wird, etwas zu lernen. Ich segne dich, dass dir in deinem Leben die Gaben anderer zugutekommen, und ich segne dich, dass du wiederum anderen etwas weitergeben kannst. Ich segne dich, dass du vom Allerhöchsten lernst, wie zerbrochene Beziehungen wiederhergestellt werden, etwas, das Er die ganze Geschichte hindurch getan hat. Ich segne dich im Namen dessen, der dich in das Bild des Christus verwandelt.

14. TAG

Ich segne dich mit Gunst auf deinen Wegen.

MEIN GEIST, ICH SEGNE DICH MIT MENSCHEN, DIE AN DICH GLAUBEN, DIE DIR HELFEN, ERFOLGREICH ZU SEIN, DIE DICH ERMUTIGEN UND DIR LEBEN VERMITTELN, DIE DICH IN DEINEM LEBEN VORANBRINGEN. Ich segne dich mit Menschen, die den Weg vor dir ebnen und Wege finden, dir zu dienen und in dich zu investieren und dich zu segnen mit Zeit, Aufmerksamkeit, materieller und praktischer Unterstützung. Ich segne dich mit Gunst bei Obrigkeiten und mit Gunst in der Wirtschaft. Ich segne dich mit Gunst, sogar bei Leuten, die Feinde des Christus und des Kreuzes sind. Ich segne dich im Namen dessen, der das Licht Seines Angesichts über dir leuchten lässt.

15. TAG

Ich segne dich mit dem Wunsch, Probleme zu lösen.

MEIN GEIST, DU WURDEST VON DEINEM VATER GESCHAFFEN, PROBLEME ZU KONFRONTIEREN UND ZU LÖSEN, NICHT NUR IHNEN ZU ENTKOMMEN. Ich segne dich mit der Fähigkeit, dich in jedem Problem zu freuen, anstatt dich zu beklagen und umzukehren. Ich segne dich, dass du ausharrst und in Seinem Wort forschst, um Probleme zu lösen, so als würdest du nach Gold, Silber und Edelsteinen suchen. Ich segne dich mit Christi Sinn, damit du Dinge aus Seiner Perspektive wahrnimmst und Lösungen siehst, die andere nicht sehen. Mögest du Gottes Weisheit haben, damit du Seine Lösungen annimmst, auch wenn sie schmerzvoll erscheinen und niemand vor dir diesen Weg je beschritten hat. Ich segne dich im Namen des Gottes, dem nichts unmöglich ist.

16. TAG

Ich segne dich mit Freiheit von Menschenfurcht.

MEIN GEIST, ICH SEGNE DICH, DASS DU INS WORT GOTTES GEHST UND SPEZIELLE VERHEISSUNGEN SIEHST, DIE ER DIR GEGEBEN HAT, DASS DU DICH AUF SIE STELLST UND DIE FREUDE, DIE SICHERHEIT UND DIE BEGEISTERUNG GENIESST, DIE ENTSTEHEN, WENN DEIN VATER DEINE GEBETE AUFGRUND SEINER SPEZIELLEN VERHEISSUNGEN BEANTWORTET. Ich segne dich mit der Erkenntnis, dass, wenn Gott dich zum Kampf ruft, Er da sein wird und mit dir und für dich sein wird. Du sollst wissen, dass der Sieg in Seiner Hand liegen wird, nicht in deinen Fähigkeiten und deinen eigenen Mitteln. Ich segne dich, dass du erlebst, wie Gott sich daran freut, wer du bist, und wie Er dich jetzt und zukünftig sieht. Ich segne dich mit dem Bundesnamen von Jahwe Schalom, dem Herrn, deinem Frieden in allen Umständen.

17. TAG

Ich segne dich mit Leitern, die Leben vermitteln.

MEIN GEIST, ICH SEGNE DICH MIT VERSCHIEDENARTIGER WEISHEIT, DIE VON UNTERSCHIEDLICHEN MÄNNERN UND FRAUEN KOMMT. Ich segne dich mit Leitern, die Leben vermitteln, indem sie dir Gunst zeigen und Türen für dich öffnen, und auch mit solchen, die standhaft sind und von dir verlangen, dass du Disziplin lernst und Fleiss zeigst. Ich segne dich mit Leitern, die dich lehren, das Wort Gottes zu lieben, die dich anleiten, über Seinem Wort zu meditieren, damit deine Weisheit kontinuierlich zunimmt. Ich segne dich mit Leitern, die für dich ein Vorbild sind in ihrer Beziehung zu anderen Menschen. Ich segne dich mit Leitern, die dir in schwierigen Situationen einen Weg bahnen. Ich segne dich im Namen dessen, der dir vorausgeht.

18. TAG

Ich segne dich mit einem Team von Friedensstiftern.

MEIN GEIST, ES IST GUT, EIN FRIEDENSSTIFTER ZU SEIN, ABER ES IST NOCH BESSER, TEIL EINES TEAMS VON FRIEDENSSTIFTERN ZU SEIN. Ich segne dich, dass du Männern und Frauen begegnest, die an Früchten der Gerechtigkeit interessiert sind und nicht an ihren eigenen Zielen. Ich segne dich mit Menschen, die heil, vollkommen und so im Frieden mit sich selbst sind, dass sie in der Lage sind, ihre Art von Frieden weiterzugeben und darin mit dir zusammenzuarbeiten. Als Team könnt ihr Früchte der Gerechtigkeit ernten, die einen nachhaltigen Einfluss auf die Gesellschaft hinterlassen. Ich segne dich im Namen dessen, der Menschen im Frieden verbindet.

19. TAG

Ich segne dich mit Freunden in Zeiten der Veränderung.

MEIN GEIST, ICH SEGNE DICH, DASS DIR MÄNNER UND FRAUEN DES GLAUBENS ZUR SEITE STEHEN, DIE IN ZEITEN, IN DENEN GOTT DICH ZU VERÄNDERUNGEN RUFT, PERSÖNLICH VERANTWORTUNG FÜR DICH ÜBERNEHMEN. Ich segne dich, dass du gesalbte Leiter hast, die in Einheit mit dir durch schwierige Veränderungen gehen. Ich segne dich, dass du anderen, die Veränderungen durchmachen, ein Segen bist und Leben vermittelst, dass du denjenigen mit Rat zur Seite stehst, die im Glauben stehen, dass sie Teil werden von dem, was Gott Neues wirkt. Ich segne dich mit einem guten Gespür für Gottes Gegenwart, alleine und in der Gemeinschaft mit anderen, was Seine Handschrift auf deiner Berufung sein soll. Ich segne dich im Namen des «Parakletos», dessen, der dir zur Seite steht.

20. TAG

Ich segne dich mit einem festen Blick auf den Siegespreis.

MEIN GEIST, AUCH WENN DU VIELGELIEBT BIST, SO HAST DU DENNOCH SCHMERZEN ERFAHREN. Du bist Teil einer grossen Schlacht gegen den Feind des Allerhöchsten. Ich segne dich mit der Fähigkeit, Freude zu haben, die über Schmerzen hinausgeht. Ich segne dich, dass du ein klares Bild von der Berufung Gottes für dich hast, damit du Schmerzen aushalten kannst, um dort hineinzukommen. Der Feind wird dich ständig an die Schmerzen erinnern und dafür sorgen, dass du dein Augenmerk auf sie richtest, aber ich segne dich, dass du dir der Freude bewusst bist, die auf dich wartet. Ich segne dich mit genügend Erkenntnis über diese Freude, damit du nicht die Kosten überschlägst, sondern den Preis bezahlst. Ich segne dich im Namen von Jesus, der unser Siegespreis ist.

21. TAG

Ich segne dich mit dem Frieden Jesu.

JESUS GAB DEN JÜNGERN SEINEN FRIEDEN, BEVOR ER SIE VERLIESS. Mein Geist, ich segne dich mit dem Frieden Jesu, der höher ist als der, den die Welt gibt. Ich segne dich mit dem Frieden, den Er darüber hatte, zur richtigen Zeit am richtigen Ort zu sein. Er war sich der Dringlichkeit Seiner Berufung bewusst, ohne jedoch von dieser Dringlichkeit überwältigt zu werden, weil er wusste, dass Sein Vater den richtigen Zeitpunkt kannte. Ich segne dich, dass du im Frieden bist, weil du im Voraus weisst, dass Gott, dein Vater, dir helfen wird, für jeden Tag entsprechend vorzusorgen, sei es ein schmerzvoller oder ein freudenreicher Tag. Ich segne dich im Namen Jesu, der möchte, dass du mit Ihm im Einklang bist.

22. TAG

Ich segne dich, ein (eine) Überbringer(in) der Herrlichkeit Gottes zu sein.

MEIN GEIST, DIE MENSCHEN UM DICH HERUM SEHNEN SICH NACH MEHR ALS RELIGION UND KIRCHGÄNGERTUM – SIE BRAUCHEN DIE MANIFESTE, KRAFTVOLLE GEGENWART GOTTES. Ich segne dich mit einem tiefen Hunger und Durst danach, die manifeste Herrlichkeit Gottes in deine Gesellschaft zu bringen. Ich segne dich mit Vision und Salbung, um zu erkennen, was notwendig ist, um den Weg zu bereiten. Ich segne dich mit einem Blick, der dich über deine frommen Traditionen hinausschauen lässt. Ich segne dich mit der Fähigkeit, das Lied des Evangeliums in einer anderen Tonart zu singen, ohne die Botschaft, die unverfälscht bleiben muss, zu beeinträchtigen. Ich segne dich im Namen dessen, der die Herrlichkeit Israels ist.

23. TAG

Ich segne dich, dass deine Werte von anderen übernommen werden.

MEIN GEIST, ICH SEGNE DICH MIT DER FREUDE, DEINE VISION DEM HERZEN UND DEM GEIST ANDERER WEITERGEBEN ZU KÖNNEN. Ich segne dich mit der Freude, die entsteht, wenn du erlebst, dass sie deine Werte grundlegend annehmen. Ich segne dich, dass du erlebst, wie deine geistlichen Enkel nach deinen Werten leben, diejenigen, die von Personen gefördert wurden, die du wiederum gefördert hast. Ich segne dich, dass du einen herrlichen Abdruck von Gottes Herz auf anderen hinterlässt und weisst, dass du das Leben vieler auf unauslöschliche Weise zum Guten geprägt hast. Ich segne dich mit Menschen, die deine Werte übernehmen, von denen du gar nicht wusstest, dass sie dein Leben beobachtet haben. Ich segne dich im Namen Jesu, der sagte: *«Folge mir nach.»*

24. TAG

Ich segne dich mit Hunger nach Gott.

MEIN GEIST, ICH SEGNE DICH MIT DER FREUDE, IN EINER ZÜGELLOSEN GESELLSCHAFT GANZ NEU DIE GEGENWART UND HERRLICHKEIT DEINES VATERS ZU SCHMECKEN. Ich segne dich, dass du heute neu die spürbare Kraft Gottes erlebst. Ich segne dich, dass du ein solches Mass an Hunger und Heiligkeit in deiner Familie, deiner Gesellschaft und deinem Land auslöst, dass viele eine Heimsuchung Gottes erleben. Ich segne dich mit der grossen Freude, in der heutigen Zeit ein Mann oder eine Frau Gottes zu sein und eine neue Heimsuchung Gottes in deinen Tagen und in deiner Zeit zu erleben. Ich segne dich mit der Fülle dessen, der die Hungrigen sättigt.

25. TAG

Ich segne dich mit Gottes Lebens- und Friedensbund.

MEIN GEIST, WÄHREND DU ÜBER DAS WUNDER UND DAS VORRECHT VON GOTTES BUND DES LEBENS UND DES FRIEDENS MIT DIR NACHDENKST, WIRD GOTT DIR ECHTE WEISUNG IN DEINEN MUND LEGEN. Ich segne dich, dass du den Vater kennst und über ihn sprichst und viele andere mit Ihm bekannt machst. Ich segne dich dafür, dass du viele von ihren Sünden abbringst und sie zu einer Ehrfurcht gegenüber dem Allerhöchsten führst, wie du sie hast. Ich segne dich, dass du jeden Morgen mit Staunen darüber erwachst, dass Gott sich entschieden hat, einen Bund mit dir einzugehen. Ich segne dich dazu, viele in der nächsten Generation zur Ehrfurcht gegenüber Gott zu bringen. Ich segne dich im Namen deines Gottes, der Seinen Bund hält.

26. TAG

Ich segne dich mit der Autorität, Chaos zu beseitigen.

MEIN GEIST, ICH SEGNE DICH, EIN FRIEDENSSTIFTER MIT GEISTLICHER AUTORITÄT ZUR ZERSTÖRUNG VON FESTUNGEN ZU SEIN, DIE CHAOS IN DEINE FAMILIE UND IN DEINE GESELLSCHAFT BRINGEN. Ich segne dich, dass du die friedensstiftenden Fähigkeiten von Jesus erlernst. Ich segne dich, dass du in Situationen, wo Entzweiung und Entfremdung herrscht, von deinem Vater geleitet wirst, die Kunst des Friedensstiftens zu praktizieren. Ich segne dich mit Beharrlichkeit im Friedensstiften, denn es ist schwierig. Ich segne dich, dass du deine friedensstiftenden Fähigkeiten sogar noch verbessern kannst, während Gott dich durch eine Lehrzeit nach der anderen führt. Ich segne dich im Namen dessen, der alle Autorität besitzt.

27. TAG

Ich segne dich mit Freundschaften in Zeiten der Korrektur.

MEIN GEIST, ICH SEGNE DICH MIT TIEFEN, LEBENSSPENDENDEN FREUNDSCHAFTEN, WÄHREND DU DURCH ZEITEN DER KORREKTUR VON GOTT GEHST. Ich segne dich mit Freundschaften, die dein Vater plant, fördert und dir schenkt, auch wenn Er dir andere nimmt, die dir wichtig und notwendig erschienen. Auch wenn du sehr starke Korrektur erfährst, segne ich dich mit wenigstens einem Freund, der den Bund seiner Freundschaft mit dir in deiner dunkelsten Stunde aufrechterhält und dich ermutigt, dich stärkt und deine Aufmerksamkeit auf die Verheissungen des Vaters lenkt. Ich segne dich im Namen dessen, der treuer ist als ein Bruder.

28. TAG

Ich segne dich mit einer Salbung, anderen Frieden zu geben.

MEIN GEIST, ICH SEGNE DICH MIT EINER TIEFEN VERSÖHNUNG MIT GOTT, DIE ZU EINEM FURCHTLOSEN VERLANGEN FÜHRT, DEN FRIEDEN, DEN DU HAST, MIT ANDEREN ZU TEILEN. Ich segne dich mit einem Frieden, der von dir ausgeht und Menschen dazu bewegt, zu dir zu kommen und nach der Hoffnung in dir zu fragen. Ich segne dich, dass das Mitteilen des Evangeliums zu einem normalen Bestandteil in deinem Leben, in den Unterhaltungen mit Fremden und Freunden wird. Ich segne dich mit einer grossen Ernte unter Familienmitgliedern, Freunden und Fremden, die du vielleicht nur im Vorbeigehen triffst. Ich segne dich damit, ein Versöhner zu sein, der Menschen zum Frieden mit Gott führt. Ich segne dich im Namen dessen, der mit seinen durchbohrten Händen und Füssen der Welt die frohe Botschaft des Friedens gebracht hat.

29. TAG

Ich segne dich mit Sieg über den Feind.

MEIN GEIST, ICH SEGNE DICH MIT DER FREUDE, REGELMÄSSIG ZU SEHEN, WIE SATANS PLÄNE, MENSCHEN ZU ZERSTÖREN, DURCHKREUZT WERDEN UND GOTT AUS SCHMERZLICHEN UMSTÄNDEN GUTES HERVORBRINGT. Ich segne dich, dass du erlebst, wie die Probleme, die Satan in die Welt bringt, von Gott benutzt werden, um neue Weisheit, Gnade, Stärke und Freiheit zu offenbaren, indem Gott Seine und deine Feinde öffentlich zur Schau stellt. Ich segne dich mit Gottes Perspektive in Schmerzen und Leid. Ich segne dich, dass du mit Gott zusammenarbeitest und Probleme zu Gelegenheiten werden, durch die du Ihn wirken siehst. Ich segne dich im Namen dessen, der am Kreuz triumphiert hat.

30. TAG

Ich segne dich mit Frieden mit Gott.

MEIN GEIST, ICH SEGNE DICH MIT EINEM WIRKEN DES HEILIGEN GEISTES, DAS DICH ÜBER DIE BARRIERE DER SÜNDE HINWEG IN EINE INNIGE BEZIEHUNG MIT DEM VATER UND SEINEM SOHN JESUS BRINGT. Ich segne dich, dass du durch das Wirken von Jesus, der deine Sünden wegnimmt und Zerbrochenes in dir wiederherstellt, zu einem Frieden mit dir selbst, mit Gott und mit anderen kommst. Ich segne dich, dass die Wahrheit seiner wunderbaren Errettung dich in einer tiefgehenden Weise verändert, denn das ist der Wunsch deines Herrn Jesus. Es ist Sein unbedingter Wunsch, dass du vollständig mit Ihm versöhnt bist. Ich segne dich im Namen dessen, der um deiner Missetat willen verwundet wurde.

31. TAG

Ich segne deine Nächte, dass Gott darin über dir wacht.

MEIN GEIST, DEIN HIMMLISCHER VATER BEWACHT DICH IN DER NACHT MIT DEM SCHILD SEINER GEGENWART. Empfange tief in dir diese Zuversicht. Gott singt in der Nacht Schlaflieder über dir. Höre auf Sein Lied. Durch Lobpreis tröstet Er dich nachts mit Seiner Treue. Statt auf deine Ängste zu hören, höre mit deinem Geist auf Gott, der dich berät und dir Seine Verheissungen und die Kraft Seines Namens zusichert. Wenn der Herr deine Zuversicht ist, schläfst du sicher und süss. Gott schläft nie, du kannst dich also beruhigt ausruhen. Ich segne dich im Namen des ewigen Gottes, der nicht schläft noch schlummert.

32. TAG

Ich segne dich mit Stärke in deinem Geist für jeden Tag.

MEIN GEIST, ICH SEGNE DICH, DASS DU JEDEN MORGEN MIT DEM WISSEN AUFWACHST, DASS DER LEBENDIGE GOTT DICH ERHÄLT, STÄRKT UND ERNEUERT IM HINBLICK AUF DIE GELEGENHEITEN, DIE ER AN DIESEM TAG FÜR DICH BEREITHÄLT. Ich segne dich mit der Zuversicht, die aus einer inneren Ruhe, Sicherheit und Stärke kommt, nicht nur für jeden Tag, sondern für die gesamte Dauer deines Lebens, welches Gott dir schenkt. Ich segne dich, dass du Ihm täglich begegnest, von Geist zu Geist. Ich segne dich, dass du nichts aus rein menschlicher Anstrengung heraus tust. Ich segne dich, dass du durch das ewige Leben neue Energie empfängst für alles, das du bist, denkst und tust. Ich segne dich im Namen des Geistes des Lebens.

33. TAG

Ich segne dich, dass du Gottes Fingerabdrücke auf deinem Leben siehst.

MEIN GEIST, DEIN VATER HAT ZAHLREICHE PLÄNE FÜR DICH. Ich segne dich mit der Fähigkeit, Seine Hand zu erkennen und zu verstehen, wie Einzelheiten deines Lebens in Sein grosses Gesamtbild passen. Ich segne dich, dass du immer wieder einen Blick für Seinen gesamten Plan bekommst, denn wie Er sehnst du dich danach, die Schönheit des Ganzen zu erfassen, seine Bedeutung zu kennen und das letztendliche Ziel zu sehen. Ich segne dich auch, dass du deinen Wunsch nach Wissen dem Allwissenden übergibst. Ich segne dich mit einer neuen Sicht für das, was dein Vater für dich getan hat, seine gewaltigen Wunder. Ich segne dich, dass du dein Leben aus Seiner Hand empfängst und glaubst, dass Seine Pläne wunderbar sind. Ich segne dich im Namen des Gottes, der Gewaltiges tut.

34. TAG

Ich segne dich mit Glauben.

MEIN GEIST, ICH SEGNE DICH MIT GLAUBEN, GESTÄRKT DURCH JESUS, DEN ANFÄNGER UND VOLLENDER UNSERES GLAUBENS. Ich segne dich, dass du absoluten Frieden darüber hast, dass Gott Sein Wort dir gegenüber hält, egal wie lange es dauert oder wie widrig deine Umstände sein mögen. Sei dir bewusst, dass Er in der Lage ist, Sein Wort zu halten. Ich segne dich mit Glauben, der getestet und für echt befunden wurde. Ich segne dich mit Freude, nachdem du alle Prüfungen bestanden hast. Ich segne dich mit starkem Glauben, rein wie Gold. Ich segne dich mit dem Glauben, der aus der Liebe zu Ihm entsteht, und mit der Freude, die aus dem Glauben an Ihn kommt. Ich segne dich im Namen des Treuen, der absolut vertrauenswürdig ist.

35. TAG

Ich segne dich mit Hoffnung.

DU BIST IN GOTTES WARTEZIMMER, VOLLER ERWARTUNG, UND LERNST ZU HOFFEN. Mein Geist, ich segne dich mit dem Wissen, dass die Augen des Vaters auf die gerichtet sind, die hoffen. Er belohnt diejenigen, die auf ihn hoffen. Ich segne dich mit dem tiefen Wissen, dass du auf dem festen Fels der Treue Gottes stehst. Ich segne dich mit dem unerschütterlichen Vertrauen, dass dein Vater die Kontrolle über deine Umstände hat. Ich segne dich mit Treue und Fruchtbarkeit in Umständen, die hoffnungslos erscheinen. Ich segne dich mit einer unerschütterlichen Hoffnung, wenn alles andere erschüttert wird. Ich segne dich im Namen des Gottes der Hoffnung.

36. TAG

Ich segne dich mit dem tiefen Wissen, dass Gott Liebe ist.

MEIN GEIST, ICH SEGNE DICH MIT EINER TIEFEN HERZENS-ERKENNTNIS ÜBER DEINE IDENTITÄT ALS GOTTES GELIEBTES KIND, DAS SICHER WISSEN DARF, DASS ES IN DER FAMILIE SEINES VATERS GELIEBT IST. Ich segne dich mit einem Gefühl der Zugehörigkeit, Verbundenheit und Wertschätzung, das die Liebe deines Vaters in dir nährt. Ich segne dich mit dem Wissen, dass nichts in deiner Vergangenheit, Gegenwart oder Zukunft dir Seine Liebe wegnehmen kann. Du kannst nichts tun, dass Er dich mehr liebt, und nichts, dass Er dich weniger liebt. Ich segne dich, dass du Gottes Liebe empfängst, die Furcht vertreibt. Ich segne dich mit dem tiefen Wissen, dass Er Gefallen an dir hat. Ich segne dich im Namen des Gottes, der die Liebe ist.

37. TAG

Ich segne dich, dass dein Geist heil ist.

MEIN GEIST, ICH SEGNE DICH, DASS DU ERSTARKST UND DASS DU DEINE SEELE UND DEINEN KÖRPER FÜHRST. Geist, ich segne dich mit Freiheit von allen Gebundenheiten. Ich segne dich mit Gnade und Vergebung, damit du jede Anklage und jede Schuld hinter dir lassen kannst. Ich segne dich, dass du von jeder Verunreinigung durch das Gift der Bitterkeit befreit wirst. Ich segne dich, dass du zu deinem Vater kommen kannst, damit Er dich rechtfertigt, wenn du dich entschieden hast, zu vergeben und Bitterkeit loszulassen. Ich segne dich mit einer gesunden Portion an Reue für sündige Handlungen. Ich segne dich, dass du erfüllt bist mit Glaube, Hoffnung und Liebe. Ich segne dich im Namen dessen, der gekommen ist, um die Gefangenen zu befreien, damit sie Hoffnung, Liebe und Glauben haben.

38. TAG

Ich segne dich mit geistlicher Weisheit und geistlichem Verständnis.

MEIN GEIST, ICH SEGNE DICH MIT GEISTLICHER WEISHEIT UND EINEM UMFASSENDEN VERSTÄNDNIS SEINES WILLENS UND SEINER WEGE BEZÜGLICH DEINES LEBENS. Ich segne dich, dass du ein lebender Beweis für Gottes Fähigkeit, Einsicht und Macht bist. Ich segne dich mit Hartnäckigkeit, wenn es darum geht, den Preis dafür zu bezahlen, dass du täglich deinen Geist trainierst. Ich segne dich mit einer Familie des Glaubens, die im Licht lebt und zu der du eine offene Beziehung hast. Ich segne dich, dass du von Licht überflutet wirst, damit du die wunderbare Zukunft sehen kannst, die Er dir verheissen hat. Ich segne dich im Namen des Gottes aller Weisheit.

39. TAG

Ich segne dich mit Sensibilität gegenüber der Stimme Gottes.

MEIN GEIST, GOTT SPRICHT AUF VIELFÄLTIGE ART UND WEISE, UND ICH SEGNE DICH, DASS DU DEINE GEISTLICHEN OHREN AUF IHN EINSTELLST. Du wurdest errettet, weil Seine Stimme dich rief, und deine Antwort an ihn war Musik in Seinen Ohren. Ich segne dich, dass du gehorsam auf Seine Stimme reagierst. Ich segne dich mit einem hörenden Geist und einem verstehenden Herzen, um Gut und Böse zu unterscheiden. Ich segne dich, dass du alles Rauschen und alle Störungen beseitigst, um eine klare Verbindung zu Gott zu haben. Ich segne dich mit gereinigten und offenen Ohren. Ich segne dich, dass du die Stimme deines Hirten kennst. Ich segne dich in Jesu Namen mit dem Klang des Himmels.

40. TAG

Ich segne dich mit Gottes Sichtweise in Bezug auf Seine Zeitpunkte.

MEIN GEIST, ICH SEGNE DICH MIT GEWISSHEIT DARÜBER, WIE DU AUS GOTTES SICHT IN ZEIT UND RAUM, IN VERGANGENES UND ZUKÜNFTIGES PASST. Ich segne dich, dass du die von deinem Vater bestimmte und festgelegte Zeit kennst, denn alles ist schön aus Seinem Blickwinkel der Ewigkeit. Ich segne dich, dass du Seinem grossen Plan vertraust, auch wenn du nur die Details sehen kannst. Ich segne dich, dass du zur richtigen Zeit den richtigen Schritt tust und nicht vorauseilst oder zurückbleibst. Ich segne dich, dass du für die Zeiten, die Zeitpunkte und das Wirken des Heiligen Geistes sensibel bist. Ich segne dich im Namen des Gottes der «Kairos»-Zeitpunkte.

Teil II

Stärke deinen Geist mit Segensworten auf der Grundlage der Namen Gottes

1. TAG

Ich segne dich im Namen von Jahwe Jiräh, deinem Versorger.

MEIN GEIST, ICH SEGNE DICH MIT DEM WISSEN, DASS GOTT VORSORGE GETROFFEN HAT FÜR EINEN ERLÖSER, UND SEIN NAME IST JESUS. Er ist das würdige Lamm Gottes. Ich segne dich mit einem tiefen Sündenbewusstsein und dem Wissen, dass Gott für ein annehmbares Opfer gesorgt hat. Ich segne dich mit Zerbrochenheit über deine eigene Sündhaftigkeit, und dass du gleichzeitig in die Arme deines vergebenden Vaters rennst, der erklärt hat, dass du bedingungslos geliebt und angenommen bist. Ich segne dich mit Zerbrochenheit über die Sündhaftigkeit anderer, jedoch ohne sie zu verdammen und zu verurteilen.

2. TAG

Ich segne dich im Namen von Jahwe Rophä, deinem Arzt.

MEIN GEIST, GOTT HAT GRENZEN GESETZT, DIE DIR DABEI HELFEN SOLLEN, AN GEIST, SEELE UND LEIB GESUND ZU BLEIBEN, SOFERN DU SIE BEACHTEST. Ich segne dich mit einer tiefen und heiligen Achtung Seiner Grenzen. Ich segne dich, dass du Einflüsse meidest, die dich schwächen könnten und Krankheiten an Geist, Seele und Leib mit sich bringen würden bzw. dich davon abhalten, deinem Geburtsrecht nachzukommen. Ich segne dich mit einem willigen Herzen, innerhalb Seiner Grenzen zu bleiben, während du die Grenzen deiner Kultur durchbrichst, um Gott deinen Mitmenschen nahe zu bringen.

3. TAG

Ich segne dich im Namen von Jahwe Rophä, deinem Arzt.

MEIN GEIST, DER NAME JAHWE ROPHÄ STEHT FÜR GESUNDHEIT, DIE UNS ZUTEIL WIRD, WEIL WIR GEMÄSS DER GEBOTE LEBEN, DIE GOTT ISRAEL GEGEBEN HAT. Er bezieht sich nicht auf die Heilung von Krankheiten. Ich segne dich mit Gesundheit, indem du rein wirst und rein bleibst. Ich segne dich, dass du gesund, frisch und munter bist durch Seine heilsame Gegenwart. Ich segne dich mit einer Reinigung deiner Seele von allen durch vorige Generationen übertragenen seelischen Verletzungen und gedanklichen Festungen. Ich segne dich, dass du von allen Verunreinigungen der Gedanken, des Willens und der Gefühle reingewaschen wirst. Ich segne dich mit Gesundheit in jedem Organ, in jedem System und jeder Zelle deines Körpers.

4. TAG

Ich segne dich im Namen von Jahwe Nissi, deinem Banner.

ALS DAS VOLK ISRAEL VON DEN AMALEKITERN ANGEGRIFFEN WURDE, FÜHRTE MOSE DIE ISRAELITEN, WELCHE GAR NICHT DARAUF VORBEREITET WAREN, IN DEN KAMPF. Als er seine Hände zum Herrn erhob, kämpfte der Herr, Jahwe Nissi, für Israel. Mein Geist, ich segne dich, dass du weisst, wann es Zeit ist, zu kämpfen, und wann es Zeit ist, die Hände zu deinem Vater zu erheben. Ich segne dich mit dem Mut, dich nicht auf deine eigenen unzureichenden Fähigkeiten zu verlassen, sondern stattdessen deine Hände zu Gott zu erheben und Jahwe Nissi zu bitten, für dich zu kämpfen. Wenn es dir an Erfahrung mangelt, gegen welchen Feind auch immer, so hat Jahwe Nissi die Erfahrung aller Zeitalter.

5. TAG

Ich segne dich im Namen von Jahwe Nissi, deinem Banner.

MEIN GEIST, DU HAST EINEN MÄCHTIGEN HIMMLISCHEN VATER, DER KEINE GEISTLICHEN RÄUBER DULDET, DIE VERSUCHEN, DICH ZU GEBRAUCHEN. Ich segne dich mit Seinem Schutz davor, Opfer von geistlichen Machtmenschen zu werden und von ihnen ausgenutzt zu werden. Ich segne dich, dass du in deinem Geist frei bist von ungewöhnlicher oder andauernder Opposition und Belästigung. Ich segne dich, dass der Herr, dein Banner, sich um dich herum lagert, um deinen Körper allezeit zu schützen. Ich segne dich mit dem Sieg des Herrn, wenn du deine Hände zu Gott erhebst. Ich segne dich mit der Gewissheit, dass Sein Banner über dir Liebe ist.

6. TAG

Ich segne dich im Namen von Jahwe Schalom, deinem Frieden.

MEIN GEIST, ICH SEGNE DICH MIT DEM FRIEDEN, DER KOMMT, WENN DU DICH IM ZENTRUM DES WILLENS DES BUNDESTREUEN GOTTES BEWEGST. Ich segne dich, dass du den Frieden von Jahwe Schalom kennst inmitten des Durcheinanders einer Gesellschaft, die Ihn abgelehnt hat. Ich segne dich mit Frieden, wenn du allein gegen gesellschaftliche Strömungen schwimmen musst. Ich segne dich mit der Erkenntnis Gottes, so dass von dir Frieden zu den Menschen in deiner Umgebung fliesst, die Ihn noch gar nicht kennen. Ich segne dich, dass du dir der Gegenwart Gottes so sicher bist, dass du ohne Schwert in den Kampf ziehen kannst, so wie es Gideon tat. Ich segne dich, dass du im Frieden Gottes wandeln kannst.

7. TAG

Ich segne dich im Namen von Jahwe Schalom, deinem Frieden.

MEIN GEIST, ICH SEGNE DICH MIT DEM FRIEDEN DEINES VATERS, DER DICH AUCH IN ÄUSSERST BESORGNISERREGENDEN UMSTÄNDEN RUHIG SEIN LÄSST. Ich segne dich, dass du ganz deutlich die Gegenwart des Geistes des Friedens in Schwierigkeiten erlebst. Ich segne dich, dass du den Frieden der Gegenwart des Christus in dir spürst. Ich segne dich mit der Erkenntnis, dass Probleme in deinem Leben kein Beweis dafür sind, dass dein Vater nicht bei dir ist. Ich segne dich mit dem Wissen, dass Er dich nicht deinen Feinden überlassen hat. Ich segne dich mit Frieden und Ruhe angesichts grosser Schwierigkeiten oder schweren Verlusts.

8. TAG

Ich segne dich im Namen von Jahwe Roi, deinem Hirten.

MEIN GEIST, ICH SEGNE DICH, DASS DU DIE BERUHIGENDE STIMME DEINES HIRTEN KENNST UND DIE FESTE GEWISSHEIT HAST, DASS DU AUS SEINER HAND ALLES BEKOMMST, WAS DU BRAUCHST. Ich segne dich mit der wunderbaren Führung des Heiligen Geistes. Du kannst ohne Furcht gehen, denn dein Hirte ist nahe bei dir, auch in dunklen Tälern. Ich segne dich, dass du ein Fest in der Gegenwart deines Vaters feiern kannst im Angesicht deiner Feinde. Ich segne dich mit einem Becher, der mit Segnungen aus Seiner Hand überfliesst. Ich segne dich, dass du Seine Güte und Seine niemals endende Liebe an jedem Tag deines Lebens erfährst.

9. TAG

Ich segne dich im Namen von Jahwe Zidqenu, deiner Gerechtigkeit.

MEIN GEIST, ICH SEGNE DICH, DASS DU GOTTES PRINZIPIEN, DIE ER UNS IN SEINEM WORT OFFENBART, KENNST. Ich segne dich mit Weisheit, Seine gerechten Prinzipien in deinem Leben anzuwenden. Ich segne dich, dass kein Tag deines Lebens vergebens ist. Ich segne dich, dass Menschen und Umstände, die Gott in dein Leben bringt, dich dem Ziel näher kommen lassen, Ihn, den Herrn, deine Gerechtigkeit, zu repräsentieren. Ich segne dich nicht nur mit der Abwesenheit von Sünde in deinem Leben, sondern mit einem Leben aus Christi Gerechtigkeit, Fähigkeit und Weisheit, um dadurch Leben aus Gottes Prinzipien zu vermitteln.

10. TAG

Ich segne dich im Namen von Jahwe Zidqenu, deiner Gerechtigkeit.

MEIN GEIST, ICH SEGNE DICH MIT EINEM KOMPROMISSLOSEN LEBENSSTIL, DER SICH AN DEM ORIENTIERT, WAS JESUS TUN WÜRDE, DENN ER LEBT IN DIR, UM DES VATERS GUTEN UND VOLLKOMMENEN WILLEN ZU TUN. Ich segne dich mit lebensspendender Rechtschaffenheit, Gerechtigkeit und Weisheit im Umgang mit jedem. Ich segne dich, dass du aus deiner inneren Motivation heraus, dem Vater zu gefallen, das Richtige tust. Ich segne dich mit einem Herzen, das für andere kämpft und wie ein Hirte für sie sorgt, insbesondere für deine Familie. Ich segne dich, dass du durch ihr äusserliches Verhalten hindurch in ihr Herz blickst und Heilung, Wiederherstellung, Bestätigung und Anerkennung vermitteln kannst.

11. TAG

Ich segne dich im Namen von Jahwe Schammah, dem Gott, der gegenwärtig ist.

MEIN GEIST, ICH SEGNE DICH MIT DER TIEFEN ERKENNTNIS, DASS DU FÜR DEINEN VATER GESCHAFFEN WURDEST UND NICHT UMGEKEHRT. Ich segne dich mit einem tiefen Verlangen danach, die Gegenwart Gottes zu erfahren – das grossartigste Verlangen, das ein Mensch nur haben kann. Ich segne dich, dass du der Nähe und der Gunst deines Vaters mehr nachspürst als den Annehmlichkeiten des Lebens. Ich segne dich mit einem Herzen, welches Erfüllung, Freude und Frieden allein in der Gegenwart des Vaters findet. Ich segne dich, dass du Ihm in Treue zur Verfügung stehst. Ich segne dich auch mit dem Wissen, dass dein Vater immer für dich da ist.

12. TAG

Ich segne dich im Namen von Jahwe Meqaddesch, dem Gott, der dich heiligt.

MEIN GEIST, ICH SEGNE DICH, DASS DU DEINEN HEILIGEN VATER KENNST. Ich segne dich mit Erkenntnis darüber, wie dir Seine Heiligkeit durch Jesu Sterben am Kreuz zuteil wird. Ich segne dich, dass du befreit wirst von deinem eigenen Perfektionismus sowie dem Perfektionismus anderer, denn in den Augen deines Vaters bist du vollkommen in Seinem geliebten Sohn. Ich segne dich mit Freude an Gottes Heiligkeit. Ich segne dich, dass du die Schönheit Seiner Heiligkeit und die Herrlichkeit des Heiligen feierst, der dich ganz annimmt und das Beste in dir hervorbringt.

13. TAG

Ich segne dich im Namen von Jahwe, dem Gott, der aus sich selbst heraus existiert.

MEIN GEIST, ICH SEGNE DICH, DASS DU DAS WAHRE WESEN VON JAHWE UND DIE UNENDLICHE GRÖSSE SEINER LIEBE FÜR DICH ERKENNST. Ich segne dich, dass du erlebst, dass Gott wirklich alles ist, was du brauchst, und dies nicht nur mit deinem Verstand bejahst. Ich segne dich, dass du Seine Versorgung erlebst, während Er vor dir hergeht und dir einen Weg bahnt. Ich segne dich mit geöffneten Augen des Geistes, damit du die Geschenke wahrnimmst, die Jahwe dir auf immer neuen Wegen und durch verschiedene Menschen zu unterschiedlichen Zeiten gibt.

14. TAG

Ich segne dich im Namen des treuen Gottes.

MEIN GEIST, ICH SEGNE DICH, DASS DU GOTTES TREUE IN DEINEN BEZIEHUNGEN ERLEBST. Ich segne dich, dass du Seine Treue im Hinblick auf finanzielle und materielle Versorgung erfährst. Ich segne dich, dass du dich nicht nur wohlfühlst, sondern erkennst, dass deine Versorgung aus der Hand Gottes kommt. Ich segne dich, dass du Seine Treue erlebst, wenn Er dir Worte der Erkenntnis, der Weisheit, Bibelverse oder Zeugnisse gibt, die du anderen mitteilen kannst. Ich segne dich mit der Freude, dein persönliches Zeugnis über Gottes Treue der nächsten Generation weiterzugeben.

15. TAG

Ich segne dich im Namen des Gottes aller Götter.

MEIN GEIST, ICH SEGNE DICH, DASS DU EIN LICHT AUF ERDEN UND EINE REFLEKTION DER UNTERSCHIEDLICHEN FACETTEN DES WESENS GOTTES BIST, DER ÜBER ALLEN ANDEREN GÖTTERN STEHT. Ich segne dich, Kind des Gottes aller Götter, dass du Gott erkennst und repräsentierst, der kein Ansehen der Person kennt. Ich segne dich, dass gesalbte Männer und Frauen, mit denen du zu tun hast, das respektieren, was bei dir im Natürlichen nicht sichtbar ist. Ich segne dich, dass unerrettete Männer und Frauen, die Gott, deinen Schöpfer, nicht kennen, sich der in dir wirksamen Kraft Gottes fügen, weil sie deinem Zeugnis nichts entgegensetzen können.

16. TAG

Ich segne dich im Namen von El Schaddai, dem Gott, der mehr als genug ist.

MEIN GEIST, DIE FÄHIGKEITEN, DIE GOTT DIR AUS SEINEM EIGENEN WESEN ZUGETEILT HAT, SIND FÜR DICH MEHR ALS GENUG, DAMIT DU VIELEN MENSCHEN LEBEN BRINGEN KANNST. Der Kampf in deinem Leben wird in der Versuchung bestehen, die Dinge zu tun, die du besonders gut kannst, bei denen du gefeiert, geliebt und bestätigt wirst. Doch bei den Aufgaben, zu denen Gott dich gerufen hat, wirst du nicht gefeiert werden. Ich segne dich, dass die Kraft von El Schaddai bis zum Ende deines Lebens zu dir und durch dich fliesst. Ich segne dich, dass du den Sieg von El Schaddai erlebst, der dich befähigt zu heilen, was in den Augen der Welt unheilbar ist.

17. TAG

Ich segne dich im Namen des Herrn der Heerscharen.

VON ZEIT ZU ZEIT ERWECKT GOTT EINZELNE MÄNNER UND FRAUEN, DIE DEN HERRN DER HEERSCHAREN KENNEN UND FEST STEHEN IN IHRER BEZIEHUNG ZU GOTT. Mein Geist, ich segne dich mit immer tieferer Erkenntnis über den Herrn der Heerscharen. Ich segne dich mit dieser speziellen Erfahrung, die nur Gott wirken kann. Du sollst so zuversichtlich, so gewiss in Bezug auf deine Beziehung mit dem Herrn der Heerscharen sein, dass du fest stehen kannst und in Seinem Namen Gericht sprechen kannst über Seine Feinde in einer Weise, dass der Feind öffentlich zur Schau gestellt wird.

18. TAG

Ich segne dich im Namen von Abba, deinem lieben Vater.

MEIN GEIST, ICH SEGNE DICH, DASS DU DIE GEBORGENHEIT UND FREUDE KENNST, DIE AUS DER BEZIEHUNG DEINES VATERS ZU DIR ENTSTEHT. Ich segne dich, dass du tief im Herzen die Freude auf Seinem Gesicht erlebst, wenn du zu Ihm kommst. Ich segne dich mit einem Gefühl der Sicherheit, das nur entstehen kann, wenn du das Herz deines himmlischen Vaters kennst, nicht nur Seine Stärke. Ich segne dich, dass du deinen Vater auf vielfältige Weise siehst. Ich segne dich, dass du Abba, deinen lieben Vater, siehst und mit Ihm enge Gemeinschaft, Sicherheit, Freude und Geborgenheit erlebst, sei es in der Gemeinde, ausserhalb der Gemeinde, bei der Arbeit, zu Hause, in Zeiten von Schmerzen und in Zeiten von Freude.

19. TAG

Ich segne dich im Namen des Uralten.

DU DIENST DEM, DER URALT IST UND AUF DEM THRON SITZEN WIRD. Und Er wird Recht sprechen. Seine Gerechtigkeit dient nicht nur dazu, den Feind zu besiegen, sondern die Schätze des Feindes den Heiligen zu geben, damit sie darüber herrschen. Mein Geist, sieh auf den Uralten, der diese kurzen Zeiten überdauert, in denen Er dem Feind erlaubt, sich so zu verhalten, als sei alles unter seiner Kontrolle. Du bist der Augapfel des Uralten. Er passt auf dich auf. Er bereitet dich für den Sieg vor, nicht nur fürs Überleben. Ich segne dich, dass du deine Augen hoch erhebst über jedes Werk des Feindes, das in dein Leben gekommen ist und noch kommen wird.

20. TAG

Ich segne dich im Namen des Gottes deines Geistes.

DER HERR, DER DIE HIMMEL AUSGESPANNT UND DIE GRUNDFESTEN DER ERDE GELEGT HAT, BILDET DEN GEIST DES MENSCHEN. Mein Geist, Er weckt dich auf und bewegt dich. Ich segne dich, dass du dich mit dem Herrn Jesus Christus verbindest, dass du eins mit ihm im Geist bist und ein lebensspendender Geist für alle, denen du begegnest. Ich segne dich, dass du in der Lage bist, deinen Geist von deiner Seele zu unterscheiden, die Gedanken deines Geistes von den Gesinnungen deiner Seele. Ich segne dich mit der Fähigkeit, anderen von Geist zu Geist zu begegnen. Ich segne dich, dass du auf Situationen aus der Tiefe deines Geistes heraus reagierst, nicht aus deiner Seele heraus. Die Gnade des Herrn Jesus Christus sei mit deinem Geist.

21. TAG

Ich segne dich im Namen des Vaters unserer Geister.

MEIN GEIST, DER EIGENTLICHE KERN DESSEN, WER DU BIST, WURDE TIEF IN DICH HINEINGELEGT, BEVOR DEIN HIMMLISCHER VATER DIE GRUNDFESTEN DER ERDE GELEGT HAT. In dir trägst du Seine DNA. Ich segne dich, dass du während deines Lebens und durch den Lebensstil, den du führst, den eigentlichen Charakter und das Wesen deines Vaters und des Christus in dir, der Hoffnung der Herrlichkeit, entdeckst. Ich segne dich mit Erneuerung in Seinem Geist. Ich segne dich, dass du nicht irregeführt wirst. Ich segne deine völlige Hingabe an den Gott der Wahrheit. Ich segne dich mit einem Verlangen nach Ihm in der Nacht und mit einem Verlangen nach Ihm am Morgen. Ich segne dich, dass du stark wirst im Geist, erfüllt mit Weisheit und der Gnade Gottes. Der Herr sei mit deinem Geist.

DIE AUTOREN

Sylvia Gunter hat 25 Jahre ihres Lebens der Botschaft gewidmet, wer Gott ist und wer wir in Ihm sind. Sie hat acht Bücher über Gebet geschrieben. Die Vision ihres Dienstes *The Father´s Business* ist, «im Hause des Vaters zu sein» und «die Dinge des Vaters zu tun» (Lukas 2,49). Ihr Herz schlägt dafür, dass Christen eine tiefe Beziehung zu ihrem liebenden Vater entwickeln und ihre Autorität in Christus kennen. Ihr Buch *Prayer Portions* erschien in 135 Ländern. Sylvia lebt mit ihrem Mann John in Birmingham, Alabama.

Arthur Burk verbindet eine tiefe Kenntnis der Prinzipien von Gottes Wort mit einer grossen Erfahrung im Bereich von Befreiung und innerer Heilung. *Plumbline Ministries* widmet sich der These, dass es einen höheren Weg geben muss. Sein Herz schlägt dafür, Gläubigen zu helfen, ihre Identität und ihre rechtmässige Stellung vor Gott zu erkennen. Beides betrifft unseren menschlichen Geist, nicht die Seele. Die Segnungen in diesem Buch sind Teil des Werkzeugkastens, der von Arthur entwickelt wurde, damit dein Geist wachsen und dir helfen kann, dein Geburtsrecht in Anspruch zu nehmen. Arthur lebt mit seiner Frau Ann in Whittier, Kalifornien.

Weiteres aus dem Schleife Verlag

ALLE KÖNNEN PROPHETISCH REDEN

Steve Thompson

Praktische Anweisungen zum prophetischen Dienen

Steve Thompson ist bekannt für seine weitreichende Erfahrung und solide biblische Lehre im Prophetischen. Er versteht es vor allem, theologische Einsichten mit praktischer Umsetzung zu verbinden.

«Alle können prophetisch reden» gehört zur Botschaft des Apostels Paulus an die ersten Christen, und heute wird diese Verheissung mit neuem Leben gefüllt.

Dieses Buch soll uns helfen: Gottes Stimme zu hören, prophetische Symbole zu interpretieren, die Praxis des prophetischen Dienens zu verstehen, Charakterschwächen zu überwinden und im prophetischen Geist zu wachsen.

NR. 120.089 | BUCH

Weiteres aus dem Schleife Verlag

VATER (BUCH UND HÖRBUCH)

Geri Keller

Ein Blick in das Herz Gottes

Dieses Buch, bzw. Hörbuch handelt von der Sehnsucht nach unserem Vater im Himmel und der Notwendigkeit, Seine Vaterliebe zu erleben und zu leben. In einer Zeit, in der viele ohne Väter aufwachsen müssen und Familien zerbrechen, ist das Buch «Vater» aktueller denn je.

Geri Keller geht darin weniger auf die psychologischen Aspekte dieses Mangels ein. Er beleuchtet vielmehr unsere Sehnsucht und Bedürftigkeit und die Vaterschaft Gottes aus biblischer Sicht. Schweizerisch, väterliches Vollkornbrot!

Das Hörbuch ist neu auf MP3 erhältlich!

NR. 120.017 | Buch
NR. 120.090 | Hörbuch MP3

DU WIRST MICH LEITEN

Lilo Keller

In der Begleitung einer fabelhaften Band, in aufregenden Orchester-Arrangements mit Streichern und Bläsern, entstand ein atemberaubendes und tief bewegendes Werk.

Ihre Lieder gehen über das hinaus, was man vielleicht von Anbetung erwartet. Sie breiten sich weit aus – Lieder von der Freundschaft mit Gott, Liebeslieder und solche über sein Königreich.

Die Aufnahmen werden von tollen Musikern und Persönlichkeiten getragen und versprühen eine grosse Präsenz.

Eine echte Sensation.

NR. 120.026 | DOPPEL-CD

Weiteres aus dem Schleife Verlag

FÜR MEIN BESTES (BUCH UND HÖRBUCH)

Andreas Keller

Dieses Buch, bzw. Hörbuch ist die überarbeitete Ausgabe des früheren Titels «Ich bin Joseph – Lebt mein Vater noch?»

Andreas Keller eröffnet hier eine faszinierende Gesamtschau über das Miteinander der Generationen im Reich Gottes. Die persönlichen Erfahrungen des Autors, Sohn bekannter geistlicher Leiter, reflektieren die Sehnsucht der Generationen, zueinander zu finden und Probleme und Schmerzpunkte zu überwinden. Dass Gott auch in scheinbar ausweglosen Situationen alles zum Guten führt, weckt Hoffnung, Geduld und Zuversicht. Wo das Wunder einer neuen Gemeinschaft in unseren Familien, Kirchen und in unserer Gesellschaft geschieht, empfangen wir den reichen Segen der biblischen Verheissungen – für unser Bestes.

NR. 120.083 | Buch
NR. 120.087 | Hörbuch

ZU BEZIEHEN IM SCHLEIFE VERLAG

Postfach 85 I CH-8411 Winterthur
T +41 (0)52 232 24 24 I F +41 (0)52 233 60 82
verlag@schleife.ch I www.schleife.ch